人大附小七彩教育成果丛书

人大附小
学生的校园生活

郑瑞芳 / 主编

中国人民大学出版社

·北京·

图书在版编目（CIP）数据

人大附小学生的校园生活/郑瑞芳主编. —北京 ：中国人民大学出版社，2014.5
（人大附小七彩教育成果丛书）
ISBN 978-7-300-19264-2

Ⅰ.①人… Ⅱ.①郑… Ⅲ.①小学生-学生生活-北京市 Ⅳ.①G625.5

中国版本图书馆 CIP 数据核字（2014）第 085889 号

人大附小七彩教育成果丛书
人大附小学生的校园生活
郑瑞芳　主编
Renda Fuxiao Xuesheng de Xiaoyuan Shenghuo

出版发行	中国人民大学出版社		
社　　址	北京中关村大街 31 号	**邮政编码**	100080
电　　话	010 - 62511242（总编室）	010 - 62511770（质管部）
	010 - 82501766（邮购部）	010 - 62514148（门市部）
	010 - 62515195（发行公司）	010 - 62515275（盗版举报）
网　　址	http://www.crup.com.cn		
	http://www.ttrnet.com（人大教研网）		
经　　销	新华书店		
印　　刷	北京尚唐印刷包装有限公司		
规　　格	210 mm×285 mm　16 开本	**版　　次**	2014 年 5 月第 1 版
印　　张	10	**印　　次**	2014 年 6 月第 2 次印刷
字　　数	10 000	**定　　价**	36.00 元

让孩子笑着成长

　　2014年，经历了半个多世纪沧海桑田的人大附小，迎来了她60周年华诞。作为新中国成立后我们党创办的第一所大学的附属小学，人大附小在五任校长的薪火相传下，60年积淀了丰厚的办学理念与办学实践。

　　如今，人大附小被孩子们自豪地称为"蓝天下最美丽的校园"，成为让孩子们笑着成长的七彩校园。孩子们徜徉在七彩的生活空间，享受着多元的七彩教育，沐浴着多元的学校文化，高唱着《七彩附小精神之歌》，健康快乐、自信幸福地成长。如今，人大附小成为教师激情燃烧的地方，成为教师心目中幸福温馨的家园。憧憬着中国梦，承载着教育梦，践行着附小梦，前进的姿势成为附小人最美丽的姿势。附小师生和彩虹有个约定：共同行走在通往满载幸福的百年校庆的旅途上。

　　以校庆年为契机，人大附小将60年办学实践中的精彩汇聚到"人大附小七彩教育成果丛书"中。这套丛书是传承和发展附小文化的结晶，可使憧憬彩虹门的家长、孩子和老师们能如身临其境般一览七彩校园的幸福芳华，让人大附小优质教育品牌发挥其应有的社会效应，使"人大附小"四个字成为不可或缺的社会资源，向建校60周年献礼。

　　《人大附小学生的校园生活》一书，书名朴实无华，但从孩子们稚嫩的画笔中，我看到孩子们喜爱的"巴学园"，看到七彩教育留给孩子的印记，看到孩子们笑着成长……

　　"笑"长代表全校老师感谢孩子们用心作画，感谢孩子们对学校深深的爱！你们的爱让我感动不已！

　　　　　　　　　　　　　　　　　　　　　校长：

　　　　　　　　　　　　　　　　　　　　　　　2014年5月6日

快乐的苹果节

瞿木泽

一年级八班　瞿木泽

快乐的数字节

一年级二十班　马心田

一年级十八班　童语佳

一（13）班
任晓晓

我在苹果节上利
用废旧纸箱扮
成苹果派

一年级十三班　任晓晓

树叶节

一年级八班　卢奕阳

树叶节

一年级九班　李付沐瞳

我喜欢泡泡节，因为泡泡是五颜六色的，我喜欢五彩缤纷的大自然。这是我和我的好朋友在吹泡泡。

一年级十三班　刘素华

一年级二十班　葛子绮

七彩泡泡节 一(8)班 卢奕阳

一年级八班 卢奕阳

泡泡节是
很 kuài lè 的
一 jiàn shì，
gèng ràng 我
jīng qí 的是
jìng rán yǒu
一个泡泡
luò 到了我的
头上，
xiǎo长妈妈
jìng rán tuō
zhù了泡泡。

一(3)邓泐

一年级三班 邓泐

5

我爱
泡泡节!

一年级3班

马宇正

一年级三班 马宇正

泡泡节 pào pào jié

校长说话 xiào zhǎng shuō huà

数字节 shù zì jié

植树节

一年级十四班 畅子渊

童话节

一年级十八班 于京民

我爱人大附小　朱怡然　一.(13)

人大附小童话节

一年级十三班　朱怡然

今天小朋友们装扮成各种各样的童话人物

童话节

赵婧羽

一.(10)

一年级十班　赵婧羽

走进童话世界

相信梦想总会实现

我是爱洛

我是仙蒂

我是公主
我自信、阳光、
聪明、美丽
我来啦!

一(6)
徐昕冉

一年级六班 徐昕冉

三年级四班 官之妍

图1

题目：爱心雷锋

三.15 同学们

三.15.39号 张馨童

雷锋

校长

今天是雷锋日，校长带我们了解雷锋。

我 好朋友

图2

小区

我和好朋友在帮助别人

游乐园

图3

我们在雷锋日里帮助人！

三年级十五班 张馨童

今天是学雷锋做好事的日子，学校让我们去做好事，妈妈带着我去了养老院

四季青养老院

林佳雯 三（9）33

欢迎人大附小的同学

三年级九班 林佳雯

去孤儿院

何思扬 2号

一次，我们班组织去孤儿院。

到了孤儿院，我看到他们有的有些残疾，但是他们都很阳光，用他们的微笑来迎接我们。

关爱 孤儿

我还在舞台上表演。

我们还给孤儿送了一些书。

三年级九班 何思扬

三(6)张杨博雅 38号
人大附小

学雷锋日

今天是学雷锋日，我要做一些好事。

做些什么呢？

要分类哟！

看到地上有垃圾要捡起，因为别人踩到它，会摔到的！

垃圾

看到同学有困难要互相帮助～

好重啊，真累！

谢谢！

走得太急～

我来帮你拿一些吧。

做了好事可真开心！

同学们从后一定要做许多好事，学习雷锋叔叔！

三年级六班 张杨博雅

11

人大附小 第三届智慧节暨游车教室授牌仪式

爱学 爱问 爱动脑

这次我们智慧节不但让我们收获了快乐,还让学校对学生打开了汽车的大门

五(2) 郭适源

五年级二班 郭适源

一份耕耘,
一份收获,
辛勤的汗水
必将换来硕果
累累。

播种节

六年级十一班 王怡宁

松土中

拔草

① ②
③ ④

浇水

照顾

好大…
好多…

好大…
好好玩…

① ②
③ ④

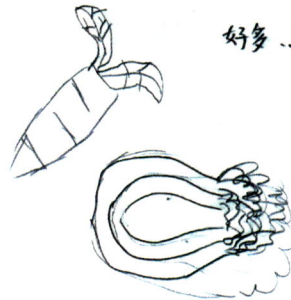

哇！

老师,给您！

① ②
③ ④

嗯…好吃！

校长,给您！

五年级十班　杨毅轩

小菜地 四部曲

2014.4.24 绘

六(12)班
李潇怡

首先
全班的6个方案小组制订出了种植方案,并进行评比,由于我们组的方案周全,所以获得了大家的一致认可。在准备期间,我们经历了许多困难,但在我们的努力下一一克服了。

其次,又到了一年一度的播种节,我们播下希望,收获了许多经验。我们盼望小种子们能茁壮成长。

接着,我们满怀希望,开始培育属于我们的小菜地,我们几个月如一日地精心呵护它们,希望它们抽出新芽,结出累硕的果实。

最后的等待,如今,小苗们已经长出了稚嫩的小芽,我们在将来会一定看见小苗们结出累硕的果实……

waiting

送给我们可爱的"笑"长的!

1

3

4

六年级十二班 李潇怡

我们将希望的种子撒在菜地里

我们工作完,最后一项任务是浇水。

1 2
3 4

过了几天,我们又去看望那些小苗了。

9

8 7 6

经过我们悉心照料小苗一天比一天高

五年级七班 朱雨萱

教学楼旁有一片小菜地，我们是毕业年级，这学期小菜地就是我们的啦！

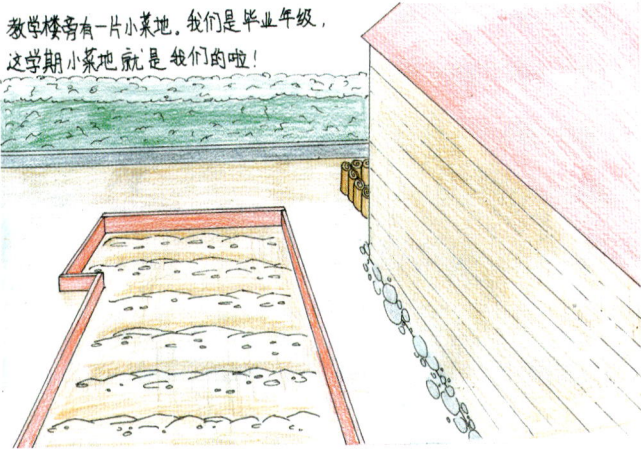

原本以为种小菜地会像打电脑游戏"开心农场"一样，满满洒洒地播种、浇水、收获。

我们又开始重新播种、浇水、施肥、拔草……

一干才知道，这可不是好干的活儿。这不，在我们的悉心照料下，第一批小苗已经归西了。

相信再过几个月，我们的小菜地就丰收啦！

六年级十三班　高冰洁

二年级十三班　陈怡潞

二年级八班　毛心言

我们的校园是七彩的，我们可爱的郑校长为我们创造了附小币。一开始我们不知道附师是干什么的，后来我们听到了校长说："我们的附小币是可以换东西的。"让我们去

收获一年的成绩吧

二(21)闫琰

二年级二十一班 闫琰

我换了一本书，要求校长签字。

我把书递给校长。

校长 正在 签字。

我得 到了校长签名的书。

三年级十四班 王思尧

人大附小学生的校园生活

今天是收获节我很兴奋
我在前一天把附小币换成了
校长币,不过还有一些附小币。

明天就是收获节了

阳小银行

要排队了,人好多呀!什么时候才能到我呢?

什么时候才能到我

终于排上队啦!换了好多奖品。

回到家里把礼物送给妈妈,心里真高兴。

妈妈送给你

谢谢宝贝

三(12) 韩政

三年级十二班 韩政

收获节

一区 四区

这是我最喜欢的节日——收获节当天游泳馆聚集了许多附小学生。

六区

在收获节,我们可以用一学期积攒的附小币兑换奖品,一区收一张,二区收两张……

琳琅满目的奖品要靠一学期的努力获得,它比买来的更有价值。

中国人民大学 附属小学

我们就这样每天努力,每天进步,挥洒自己辛勤的汗水,最后收获的是无限的快乐!

五年级一班 李凌艺

四(1) 陈彦奇

① 哇炆彩了!

一张校装币　　　课外书

收获节到了,可兑换的物品应有日尽有。

② 我都不知道该换什么了。

③

最终我换校长写的《♡♡》做一件幸福的事了

四年级一班　陈彦奇

19

快乐女孩节！

人大附小

郑校长能陪我们一起
过快乐的女孩节。把
这难忘的瞬间一起
印刻在这张纸上！！！

亲爱的郑校长

爱的温暖

五年级一班　陈星羽

五年级二班　王思睿

五年级六班　刘若水

在附小的这些天里，我们经常度过各种各样的节日。在这些五花八门的节日当中，我最喜欢的节日就是女孩节了！

在女孩节那一天，女孩儿们都会穿上自己喜欢的衣服，像一个个小仙女似的美丽。当然，也不会留~~太多~~的作业，让女孩子们快快乐乐地度过这一天……

女孩节

六年级十八班　闫瑞

1. 我生活在蓝天下最美丽校园里。
2. 男孩节快乐！这里有男孩节，女孩节……数不胜数的节日。
3. 女孩节快乐！让我最喜欢的是女孩节，我是一个女孩。
4. 在女孩节里可以穿漂亮的衣服、鞋子等等。

三年级三班　王先颖

还有亲爱的郑校长来讲话。

5

大家互相送礼，真是热闹。

6

我们女生还可以没有作业，好极了！

7

有很多学校的老师都来我们学校，我觉得很光荣。

8

大家还表演各种各样的节目

9

当然，男孩也一样，因为大家都是公平的

10

我们学校欢声笑语，大家都快快乐乐的。

11

我爱我的学校！

12

三年级三班 王先颖

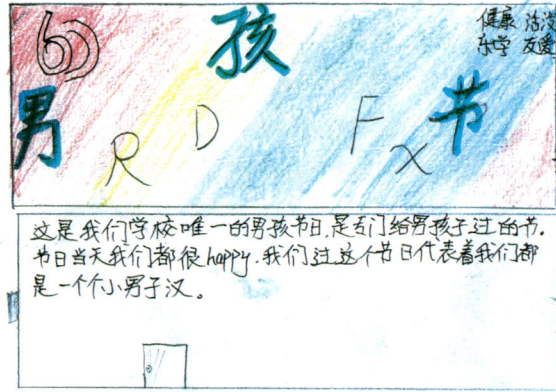
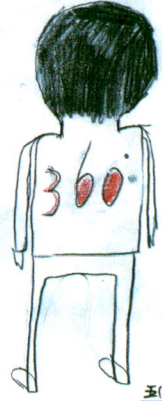

五年级二班　巩浩麒

三年级十七班　单清新

我们堆了很多雪人，这些雪人姿态，各不相同，于是我们最亲爱的郑校长就把这一天定为我校的"雪人节"。

四年级九班　郝文菲

——雪人节

穿上了银装。我爱你，雪人节！

雪仗。大地铺上了洁白的地毯，天上飘着雪花，树木都

在雪人节那天，我们和可爱的郑校长一起堆雪人、打

三年级十四班　曹馨予

25

雪人节

同学们盼望已久的雪终于光临附小了。

为什么不能让校长再建一个雪人节呢?我去给校大提个建议。

♡ ♡♡图中的这个是我们班的张雨苇,是给校长提议创建雪人节的孩子。

他跑去找校长,给校长提创建雪人节的建议。

校长采纳了他的创意,她在操场上当着全体师生的面,把今天立为雪人节

四年级四班 安韬缙

经过一晚的大雪后,学校里的积雪足足有到小腿那么深,脚踝。

第二天一早,我们惊奇地发现,学校门前出现了一个大大的雪人,原来,经过这场大雪,校长觉得决定为我们举行雪人节。

蓝天阁

大家一起打雪仗

一起堆雪人

度过了快乐的一天。

The end

六年级四班 刘欣然

雪人节 五(5)刘一锐

竹大雪球堆成了竹大雪人。还有人在打雪仗。雪人们大小不一，有的大，有的小。

今天是一年一度的雪人节。大家盼着下雪，刚下雪了，大家都来玩雪，堆雪人。

给雪人安上眼睛、鼻子、嘴e。有人用雪球砸雪人。

又胖又大的雪人做好了。雪人节真高兴。元教个雪人使我震撼拉了。

五年级五班 刘一锐

雪人节

六年级十一班 战一鸣

二年级一班 吴沂镲

雪人节

大雪纷飞的季节里，在学校，能够抽出一节课来堆雪人，打雪仗，这天就是学校的雪人节。

五年级十四班 蔡硕晗

升国旗的时候 全校都定住了

我们和老师定住了

老师也定了。

保洁阿姨定住了

刚来的同学定住了

二年级十七班 孟弋力

每天我们7:50都要升旗
唱国歌,所有人都好像被
定格。

推

六年级七班 马宇彤

升旗了

同学们被球打了也一动不动

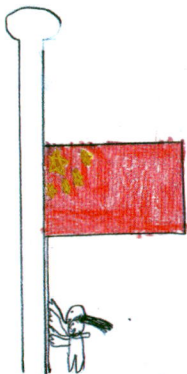

保洁阿姨拿着重重的垃圾也一动不动

在吃饭的老师也站了起来

这是我们
学校
的升 旗

六年级十八班 曲万豪

六.7
张沁帆

一年级时,每每到了国旗下讲话,我都会非常羡慕那些人。六年级,我不敢想象自己也能站在那里……

"今天,我国旗下演讲的题目是:触摸梦想。"

那天,风很大.但我站在主席台上没有动一分一毫,就像小树一样,屹立不倒。

触摸梦想

让梦想生根发芽

六年级七班 张沁帆

三(2)周彦铭

这是我第一次在全校老师和学生的注目下升国旗。在升旗前我很紧张，生怕有什么闪失。但当国歌响起的时候，我忘记了紧张而是感到无比自豪！最后我将五星红旗升上了蓝蓝的天空。

三年级二班　周彦铭

校园生活

美丽校园，快乐运动，小快快长大。

我最感动的是入队后第一次国旗下敬礼。

一、6班
金彦婕

一年级六班　金彦婕

我第一次的升旗仪式

今天，我在学校上操了。
我本来不爱上操，可这次上操却令我惊讶万分。
下面就让我们来看看到底怎么了。

从今天起，我是一个小学生了，虽然还没戴上红领巾，可是我很高兴，因为今天有一件特别的事在等着我。

人大附小

② 二、13 赵思宁

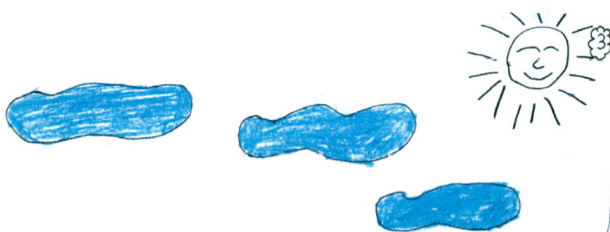

原来今天是周一，而周一和往日不同的一点就是：周一有升旗仪式。因为我从来也没有看过升旗仪式，所以我对升旗仪式感到无比的好奇。

升旗仪式开始了，所有同学都站得端正极了！先是有哥哥姐姐排着整齐的队走向我们面前，他们的手中端着一个鲜艳的红旗，终于到升旗仪式了，这时放起了国歌，每一位同学都面向国旗。

二年级十三班 赵思宁

升完国旗，一位姐姐在台上开始了她要讲的内容。讲完了，我们就要开始最后的一个内容了，就是唱一遍《附小精神之歌》在唱的过程中郑校长还亲自带着我们指挥着我们呢！我那一天很高兴，所以我告诉了妈妈，妈妈笑着说："孩子，等你以后，还会有像这样的仪式的！"那一天，我已经记住了它，我再也不会忘了它，因为我喜欢那一天！

二、13 赵思宁

二年级十三班 赵思宁

收
废
品

宋敏敏

六年级十一班 宋敏敏

33

二年级二十二班　夏圣旖

一年级十四班　赵藉皓

一天要交废报纸，我提着13多公斤重的废报纸，在楼梯口废然。起时，一个男生走过来帮我和纸一起把废报纸提上3楼！

四年级十一班 尚霄洋

四年级十一班 尚霄洋

一年级入队仪式 ——(16)张崇棣

校长妈妈

一年级十六班 张崇棣

一年级六班　姚丹妮

一年级，我成为少先队员了！这是我栽
的小树苗！♥♡♡我有红领巾啦！

三年级八班　方世屹

植树的快乐

1

2

一(四)班 耿致琪

校长有事儿还来参加我们的入队植树,当时我特别感动。

一年级四班 耿致琪

一(四)班 商汉阳

入队植木对——我最难忘的事

入队仪式

准备啦去入队植树。

小树和我们一起成长!

我终于成为了一名光荣的少先队员

一年级二班 商汉阳

一们兴奋的一天，我加入了我们学校的少先队。我最开心的是参加入队仪式的那天。我们来到彩蝶园，成长成为了光荣的少先队员。我们终于戴上了红领巾。

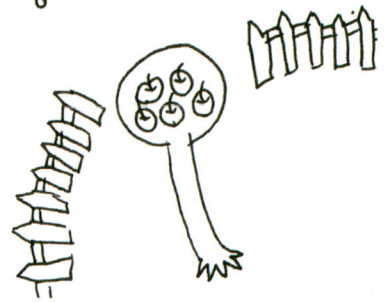

一年级三班 吴奕文

我最难忘的事：一年级入队植树。我种下了一棵小树苗也种下了自己的心愿：成为真正的男子汉。

三14班 邓祎恺

三年级十四班 邓祎恺

六年级四班　曲嫣然

三年级七班　倪嘉惠

四(7)班 王晨越

开心的 小妙会

这次小妙会,我准备的是卖乒乓球。

开始来卖球的人不多。

1 2
3 4

后来卖球的人很多,我很高兴。

小 妙 会

捐款箱

我挣了好多钱,全都捐了。

四年级七班 王晨越

六(12)陈清慧

今天是附小举办一年一度的六一"小妙会"的日子,我怀着激动的心情来到学校。

六一"小妙会"

我摆好物品开始义卖,很快就卖掉了好几本书。

卖完自己的商品,我又去其它摊位买东西,琳琅满目的商品让我眼花缭乱。

爱心箱

最后,我把筹集到的钱放到爱心箱里,捐给贫困的孩子们。

六年级十二班 陈清慧

献爱心

捐款

因为我们知道了山区的孩子们很苦，所以学校组织了一次捐款活动帮助山区孩子们。

当同学们知道山区孩子收到爱心后十分高兴。

六年级五班　贺玺竹

马葆恒
二(8)

美食区

冷饮区

七彩生活之

手工制作区

六一

绘画区

小妙会

科技作品区

好消息,"六一小妙会"要开始啦！妙会分区域。

饺子　　烤饼干　　麻辣烫

清晨,大家都在紧锣密鼓地准备着,这些商品都是我们亲手做的。

上午,大家不约而同聚在了一起,好像人海,真热闹。

募捐箱

妙会结束后,我们会把挣来的钱不限额度以个人或集体的名义捐出去。

二年级八班　马葆恒

这三年中，让我最开心的事就是小妙会。那天，我带着一些装饰品，我刚一放在垫子上，就有人来买了。

到了下午，我的东西都卖完了，我数了数钱，是70元。我捐给学校50元，只剩20元了，所得到的钱不多可我非常高兴。

三(2)37 冯薇朵

三年级二班　冯薇朵

六年级十三班　邓梓玉

五年级九班　郑雅心

二年级十三班　杨思墨

我上电视了！

五年级十四班　王子浩

二年级一班　王安奇

英语广播开始啦！

难忘的一件事：
我当小小广播员

作者：蒋天乐

刚进入学校的时候，老师组织大家在教室里听学校广播站的广播。我特别羡慕，常常想，如果我能在话筒前对全校广播那该有多神气呀！

梦想成真

广播室

二年级的时候，老师推荐我去英语广播试音。我当时特别高兴，我终于有机会实现自己的梦想啦！

三年级七班 蒋天乐

可是当我真的站在话筒前面试音时，我一下子就觉得头脑一片空白，准备的材料全都忘记了。头开始发晕，脸上开始冒汗，手也不知道该放在哪里，一句话也说不出来。

别紧张，先看看高年级同学怎么做

广播站的老师看见我不知所措地站在那里，笑着对我说："别紧张，第一天都是这样的。你先看看高年级同学是怎么做的，然后回去再把稿子好好准备一下。"

听了老师的话，我放松了下来。坐在广播室里认真地学习高年级同学怎样准备广播稿，怎样进行广播。

回到家里，我把自己准备的广播稿拿出来反复朗读。

直播中

I am the host Andrew

经过一周认真的准备，当我再次来到广播站时，我已经能熟练地朗读材料了。老师安排我在第二天的广播时间进行了直播，我终于当上小小广播员了！

三年级七班　蒋天乐

3:30 ~ 4:00 pm
我们把选好的稿件进行排版编辑.

12:00 ~ 12:55 am

编辑部 的 小成员 都在工作着,
有的在写文章,有的在画画,还有的在校对稿件.

周二 课间操
开 会时大家都 聚精会神地听一个人讲话.

五(11)
李怡然

第四节课
我们的 场外记者在采访提供画稿的同学

同学   记者

我的校园生活——编辑部的故事

五年级十一班 李怡然

小附的幸福生活

小课题研究

附小的学生们正兴奋地进行假期作业"小课题研究"中的亲自考察部分.

献爱心募捐

校长创办的"小妙会",是同学们的义卖会——一会同学们刚卖出了自己手工制作的一个物品。同学们会将卖来的钱,入爱心箱,把钱捐给需要的人.

五(5)班
刘思桐

小小奥运会——足球

在小小奥运会的足球项目中,同学们十分激动地踢足球,其他同学也为他们加油。场面十分壮观。

收获节

一学期过去了,同学们会在收获节上用自己的"附小币"或"校长币"换一些自己喜欢的物品。

五(5)班
刘思桐

五年级五班 刘思桐

我是年级编辑

我荣幸被选为年级编辑，看主编在为我们讲课呢：一本由我们几个编辑"创作"的月刊即将出版。想到同学们拿到月刊时高兴的样子，我为我付出的一切感到开心、快乐！

四年级十一班 李怡霖

大手拉小手 杨雄之

一年级二十一班 杨雄之

"五"后彩虹的春天

孟珈宇 图/文

在这个学期开学后，我们五年级其中十四个同学因年级刊而相识……

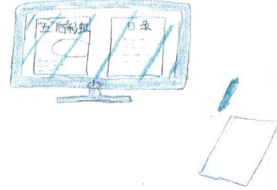

我们用心排版，努力征稿……但最有趣的，还是找校长签名，写寄语了。

校长真是"大"忙人啊，希望今天能找到她！

我
（孟珈宇）
五（7）

咱们现在就去校长室碰碰运气吧！！！

丁梓盈
（责任编辑）
五（2）

一个阳光明媚的早上，我去找丁梓盈商量"政策"。

校长办公室

郑校长，我们是"五"后彩虹编辑部的同学，可以帮我们给同学们写一段话吗？谢谢！

好的！没问题！你们下第二节课来取吧！

谢谢郑校长！

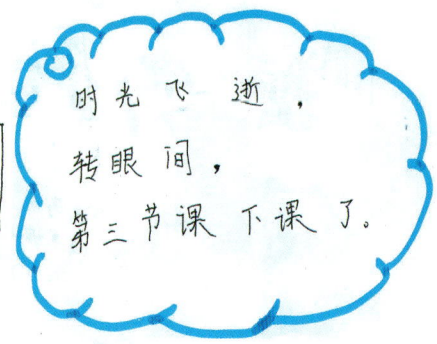

走！去校长室！我们约好的！

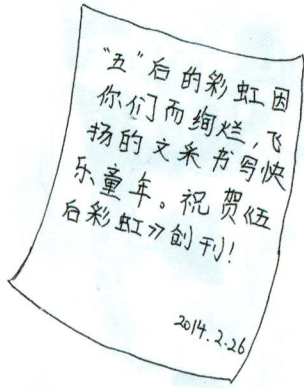

时光飞逝，转眼间，第三节课下课了。

"五"后的彩虹因你们而绚烂，飞扬的文采书写快乐童年。祝贺伍后彩虹27创刊！

2014.2.26

当这纸出现在前来的5位编辑眼前时，我们都兴奋极了！要合影，便是我们下一步计划"！

五年级七班　孟珈宇

但是，如果没有人大附小，没有校长，可爱、可敬的郑校长，我们不会有这么多丰富的活动！亲爱的校长，谢谢您、带我们度过七彩的童年！

五年级七班　孟珈宇

中国人民大学

附属小学

银燕校区

今天，我们来到银燕校区，为一年级小弟弟、妹妹们分饭，与他们一起玩。

大手拉小手，在操场上一起玩。

六年级五班　董田佳

六.5
董田佳

欢送会

今天有京西校区三名同学来到我们班，班里的同学牵路三名新学生一起到操场上去玩。

时间过得真快，今天京西学生就要走了，刘师让新同学给讲话，讲到一半，班里已经有几个同学眼睛红了。

同学们在讲台上表演了一个搞笑的节目，让一些哭的同学立马笑起来。

到最后，新来的三名同学也笑了，同学们也笑了。

五年级十三班　宋飘飘

一年级手拉手

一年级的小豆包

人大附小

那时，我是小豆包，一位大哥哥带我参观陌生的新校园。

现在，我是大姐姐，如今我牵着一年级的新妹妹，参观母校。

六年级手拉手

南门

我成了附小的学生，跨进彩虹门

六年级十一班　吕殊蕴

附小校园生活

大手拉小手

星期四，我们去参加了大手拉小手的活动，一开始，我感觉小孩难带，可一走进班级，整齐而又稚嫩的声音——"姐姐好!"我不害怕了。

我要肉。

吃完饭，我们玩了"老鹰抓小鸡"

我很喜欢这样的活动，在那里我仿佛回到了一年级。

五年级十班　杨子涵

同学们，今天我们去银燕校区分饭！当大手拉小手中的大手！

教室里一片欢呼

太好了!

我还没去过呢!

太棒了,快点走吧!

于是我们坐着大巴来到了银燕校区

1	2
3	4

分饭开始　action

1　勺子

2

五年级六班　章潇彤

二年级十三班　匡易澄

一年级十一班　安柏瑞

四年级八班　郑芷睿

五年级五班　陈鹏翰

附小的幸福生活

刘斯畅
五(5)班

女孩节

我最喜欢的节日就是女孩节，那天女生们可以收到男生们给的礼物，又可以穿上漂亮的衣服，晚上也不用做作业。感谢学校为我们开设的这些节日。

雪人节

下雪了！孩子们超级高兴！一大早，郑校长和老师们就在雪地门口，边上还有个超级可爱的雪人是郑校长和老师们堆动的，结果，放学，许多同学和老师都来堆雪人，以来我们没有这么多人一起堆过！好高兴啊！

小课题汇报

学校制定了一个非常好的计划，放暑假不留作业，只让做小课题研究，开学后汇报。

小课题
PPT
一五(5)班

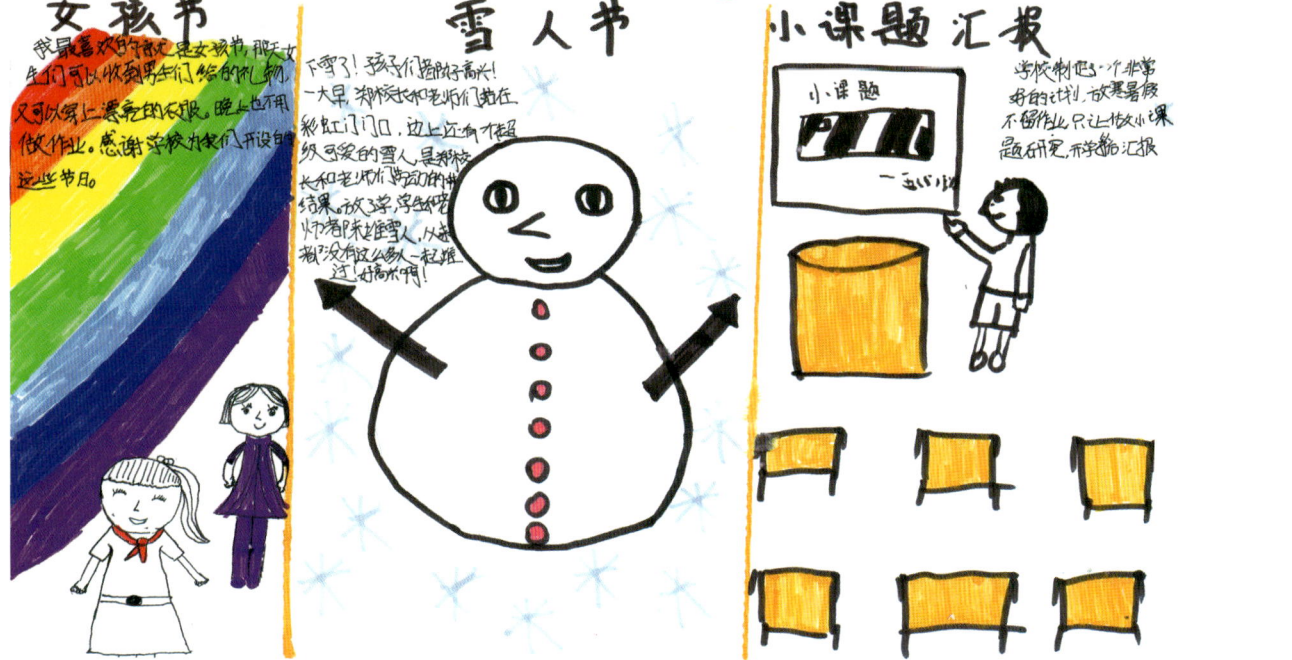

五年级五班 刘斯畅

五(8)郭晶晶 我的校园生活

圆号

我们的作品

菜地

五年级八班 郭晶晶

三年级十六班　王思奇

读书

人大附小的图书馆里，有大量的图书，我们每周都如饥似渴地博览群书，丰富知识。

游戏

我们的校园整洁优美，我们每天在校园里运动、游戏。课间活动是我们最开心的时候，我们尽情玩耍。

我的校园生活

游泳

水艺芳是我们上游泳课的地方，也是我每周最向往的地方。游泳是我最喜欢的运动。

王思奇 三(16)

科学

学术苑一层，是我们上科学课的地方，我们的科学老师讲课非常生动有趣，我在那里学到了许多知识，让我们了解更多。

我的校园生活

美术

学术苑二层，是我们上美术课的地方，我们在那里都非常快乐，我们经常画出令老师满意的作品。

王思奇
三(16)

三年级十六班　王思奇

雪人节

校长和我们一起过雪人节。

女孩节

谢谢!

不用谢!这是我的一点小心意

二年级四班 张晓舟

我是少先队员了

去蟹岛植树……

我们在地里挖白薯……

哎！白薯是在地里的？

习惯了每天7:50的升旗……

美食节，分享快乐……

好香！看上去好好吃！

等不及了开吃！

六年级十三班 赵璧齐

我们班的小菜地上,长满了绿油油的菜苗。这和同学们平时的努力是分不开的,有些同学还特地买了些设备带到学校来。

在收获节中,会有些同学担任售货员,也会有些老师负责看管,买东西时,也会显得非常公平,不会有价格不同的商品。

在同学的要求下,学校举行了篮球比赛。

小"妙妙"会

六年级四班　吴优

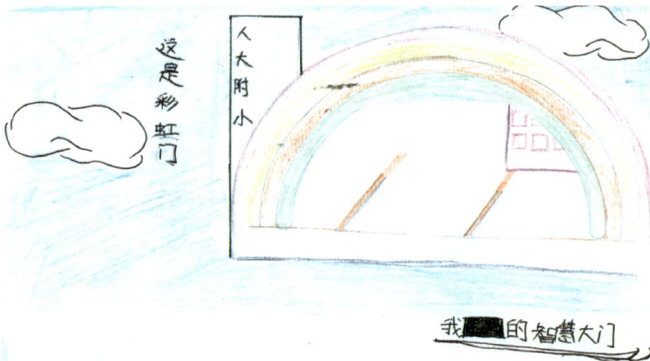

这是彩虹门

人大附小

我在这门里,成长,生活

我_____的智慧大门

有一次,学校组织_____我们外出

让我知道了 what 是交道

五年级六班　王雨微

开学di一天

我人属级
月国附年
九中学一
色入大学习
金进民小学

2+5=7
9+3=?

一6班队会

我们班
有40位
同学
我爱六
班

李炅钥一六班

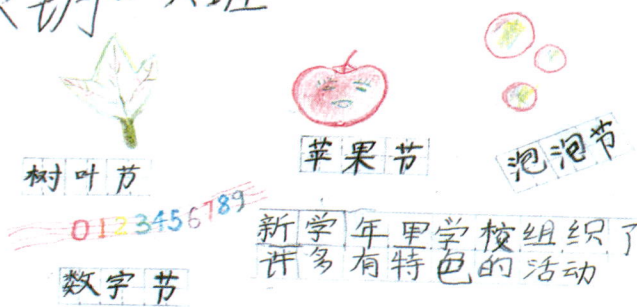

树叶节

苹果节　　泡泡节

0123456789

数字节　　新学年里学校组织了许多有特色的活动

今天
我加
入少
中国先队

我戴上了鲜艳的红领节

我们每个人都亲手种植了一棵小树，希望小树和我快乐地成长。

一年级六班　李炅钥

我们在生存岛磨了豆浆，二人磨一圈。

我们又进入了一个"黑洞"，旁边有个牌子写着"此洞虽黑，却无强人出没"，我心里●的石头向下悬着。出来后，我发现其实一点也不可怕。

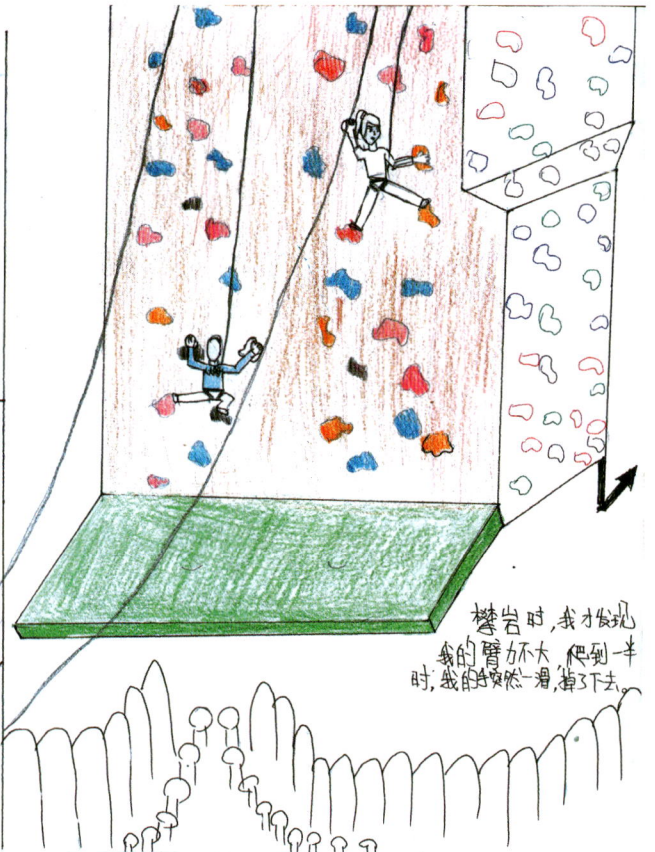

此洞虽黑却无强人出没

攀岩时，我才发现我的臂力不大，爬到一半时，我的手突然一滑，滑了下去。

五年级六班 孙小芊

野炊 六(13)
胡启农

六年级十三班 胡启农

植完树后,我们去野餐.我们一边吃,喝边谈天说地,我们有的吃东西,有的喝牛奶,还有的在看书。

野 餐

二年级二十一班 卜奕舟

钓 鱼

四年级十一班 李思慧

五年级六班　何悦萱

六年级十五班　方颐宁

六年级十五班 冯诗桐

六年级十班 梁千里

二年级一班 张译轩

二年级十班 东仲昱

还记得挖红薯吗

擦汗

用劲儿地拔

同学们努力地挖，开心地挖！！！

五年级四班　李斯涵

好好做

好样的

我们看了小熊
玩球，看它那笨重
的样子逗得我们
笑哈哈

那只小熊
好可爱
不很能干

不知不觉已经
到了中午，我们要走
了，大家都依依不舍
恋恋地离开了。再见

完

还看到了小爱子引车员
有走取呀！

再见野生动
物园。

二年级十三班　严逸凡

社会实践活动

今天我们要去大兴野生动物园。

我们去看了斑马、老虎、狮子、狗熊……

去拔了花生。

还去挖了红薯。

二年级十三班 门峻禾

今天我们去春游。

我们采了许多毛豆。

我最难忘的一件事

我们玩了画彩蛋的游戏。

我们玩得很高兴，我给妈妈讲春游的故事。

三年级七班 叶语萱

难忘的友情

在上京剧课的时候，我主动给陈紫钰提出，陈紫钰，我们交个好朋友吧！她回答："好呀"，从此我们就成了好朋友。

我们演出的时候，陈紫钰带吃的送给我，有什么事情都和我分享。

有时候，我们吵架，过个一两分钟也就好了，就又开始像以前一样一起玩了。

有一次，我们出国玩，陈紫钰拉着我，非要和我一起住一个房间……从此我们成了不可分离的好朋友！

四年级七班　范融融

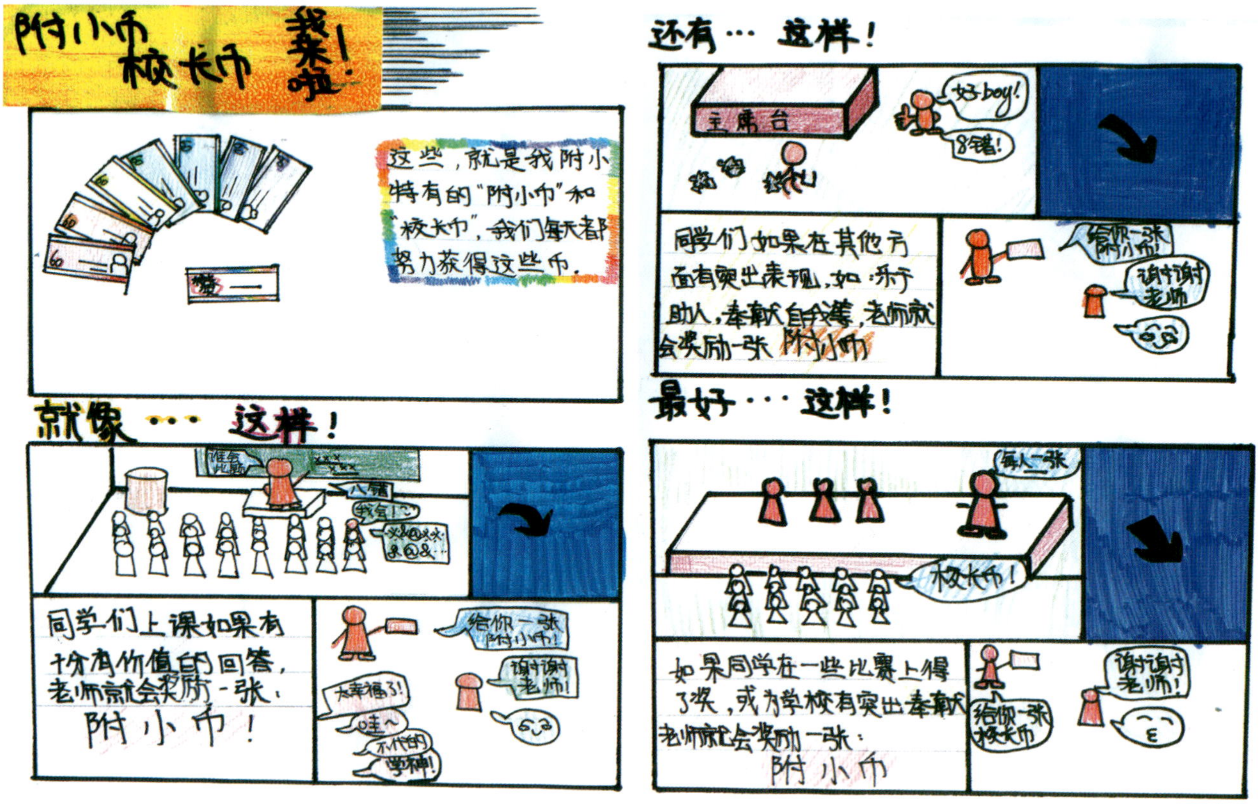

六年级一班　蒋如雅

人大附小

放飞梦想

人大附小是梦的地方。
让我们一起放飞共同的理想。

二(13) 刘思齐

二年级十三班 刘思齐

① 刚进校园的时候，老师让我们自己回家做一张卡片，卡片上要写上我们的梦想。

② 七彩的生活
校元生

回家后我和妈妈在家一起做卡片。

③ 第二天，我到了校园，老师给每个同学都发了一个氢气球。

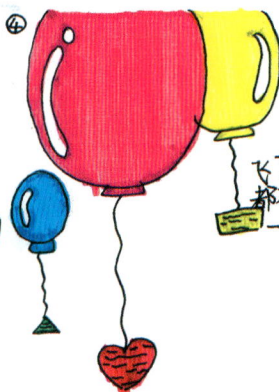

④ 我们终于放飞了梦想，我一生都不会忘记这一刻。

二4刘思钰

二年级四班 孙恩钰

三年级三班　陆涵宜

三年级三班　陆涵宜

三年级三班　陆涵宜

放 飞 梦 想

二年级三班　边祎涵

入学典礼

二年级一班　袁鹤凌

野草
顽强
不屈

Best!

我的梦想就是成为一名老师！
老师多么神圣！多么有智慧！
老师永远是人们尊敬的对象，
当一名好老师，多好！

Wonderful!

Great!

Happy!

我们辛苦备课，就
是为了迎接讲课的那
一天。

那次讲课的经历让我
记忆犹新，让我体会到了当老
师的喜悦与快乐。

自主讲课

六(1)
艾柯妤

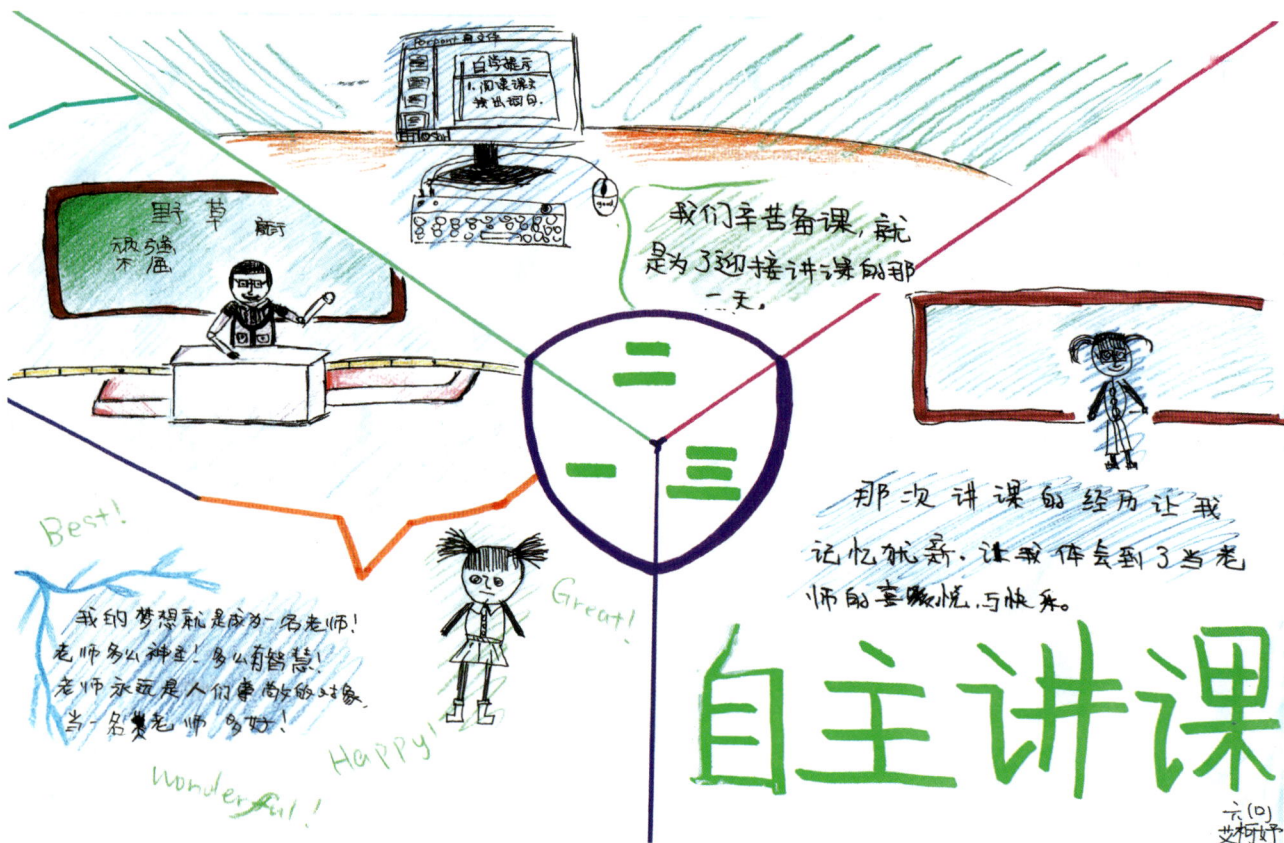

六年级十二班 艾柯妤

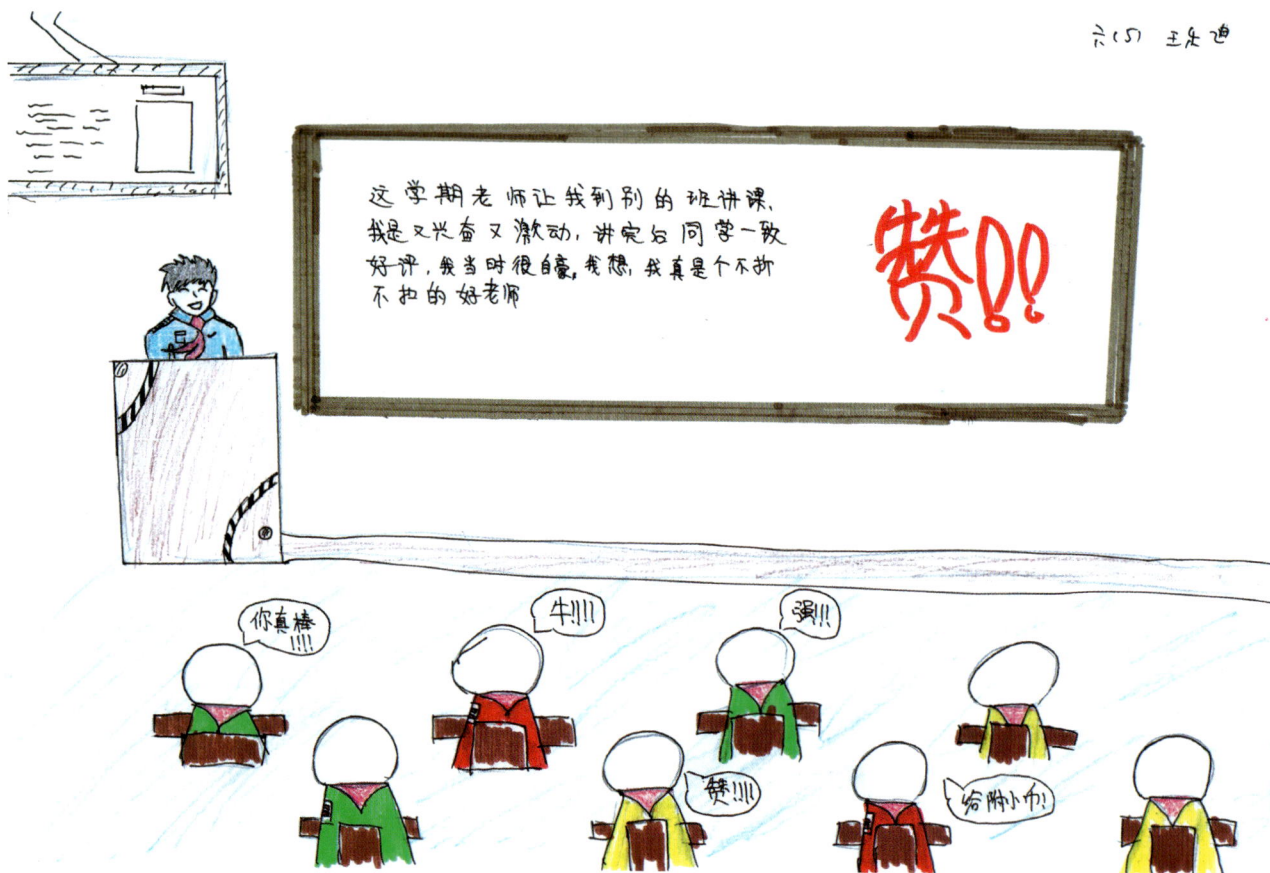

六(5) 王乐迪

这学期老师让我到别的班讲课，
我是又兴奋又激动，讲完后同学一致
好评，我当时很自豪，我想，我真是个不折
不扣的好老师

赞!!

你真棒
!!!!

牛!!!!

溜!!

赞!!!

给附小补!

六年级五班 王乐迪

76

城南旧事

五年级上学期时我们进行了《城南旧事》演讲比赛

五年级六班 张心月

李冰 二(20)

大人

大冰李附

小

校长 给 我们 上课

啦！

一天，我在学校。第一节是校长给我们上课，我心里非常紧张，怕说错。这时候我想起了一句话，说错了也要理直气壮。过了一会儿，我高高地举起手来，心里充满了自信，也不紧张了。下课了，我和同学们一起向校长签了字高高兴兴地出去玩了。校长是多么和蔼可亲啊！

二年级二十班 李冰

今天 校长妈妈来上课了.我高高兴兴来到学校.校长来了我们都 何志卉 二16
做得很好 校长 妈妈 来 上 课 校长让我们看图写话
上完了课我觉得校长 上的课真好 来 上 课

二年级十六班 何志卉

笑 长 妈妈 来 上 课

今天我早早地起了床因为
校长要来给我们上课啦!

我们坐校车来到了校园就赶jin做好课前
准备

校长我是
二(16)班
的王虹
予啦!

校长来给我们上看图写话课啦!

课上得很成功我们也特高兴呢!

二年级十六班 王虹予

二、20 刘至夏

《校长给我们上课啦》

　　今天是一个难忘的日子，因为校长给我们上课啦。一开张。始我非常地高兴也非常地沸张的心情。可是开子始上课了我沸张的到了九xiao云外。一那时我正在画《想飞的青蛙》这幅画，最后校长说我画得好还表扬了我。今天真是难忘的一天。

想飞的望青蛙

二年级二十班　刘至夏

这是一个有趣的学校，因为这里不仅有有趣的补主课，还有精彩的兴趣课程。

四年级十三班 曹孟年

一年级十七班 李初晗

二年级二十班　骆知微

五年级八班　张家敏

六年级九班　芦昱婷

三年级十七班　魏宁

快乐的语文课
郝乐彤 二05
我最喜欢上语文课，每次我有一点点进步，孙老师都会给我很多的鼓励和表扬，让我觉得非常开心。孙老师谢谢您！我会继续努力的！

二年级十五班　郝乐彤

我们班里有一个同学叫李泽昊。

他每周都会在厚重小讲堂上，把他学到的知识分享给大家。

厚重小讲堂

厚重小讲堂

在厚重小讲堂上，会讲我们班同学名字的意思。

在厚重小讲堂上，同学们都认认真真听。

四年级八班　李琳

当小老师

在开学第一课上完后回到班里,老师便开始分配同学讲课这项毕业课程的内容与时间

谁想讲《古诗二首》这课

从此,我们把讲课当成了一件最大的事情 ● ● ● ● ● ●

教案

PPT

试讲

……

忙忙碌碌

终于到讲课当天了

古诗二首
晓出净慈寺送林子方

上课
同学们好

古诗二首
晓出净慈寺送林子方

……

十分紧张,出了一身汗

当老师

真辛苦!!!

The end

六年级四班　周芷芯

三年级四班 吕明锐

三年级十班 李相怡

图书馆角三(10)白楸扬

三年级十班 白楸扬

我的阅读生活

请,同学们安静阅读!

每天,中午我们都到阅览室借阅图书……

儿童文学

六年级四班 党绪蕊

三(8) 夏杰森

图书馆

这是我们的图书馆

借书了!

我们的书架

我们在借书

我们走了

三年级八班　夏杰森

王婉迪
三(9)
36

亲子阅读

阅读的时间到了，我和爸爸妈妈一起在快乐地阅读。

说

说

机器人　爸爸

玉兔　妈妈

孙悟空　自己

三年级九班　王婉迪

"热闹"的图书馆

赵航
三(10)
17号

三年级十班 赵航

亲子 yuè dú

lonf

一年级七班 马中和

结业展演
——人大附中
再见！

人大附中

校长的拥抱

走进人大附中

六年级十七班 孙迎春

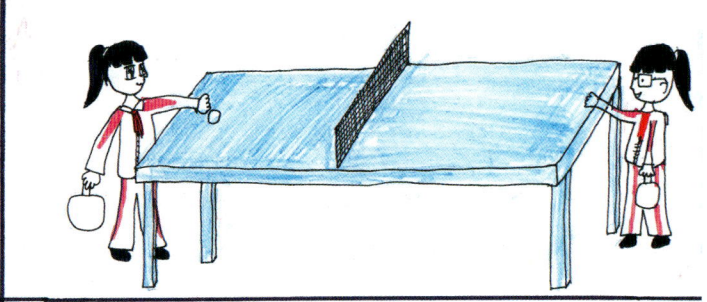

六年级十班　张艺潆

六年级四班　吕晶

初为导演

学校从两年前开始为我们创立了"觅星"学生微电影节，四年级时我们就恰恰自己写剧本拍一部电影。两年，终于等来了，大家都很高兴，认真拍摄。

六年级四班　杜佰钦

六年级十二班　王子文

电脑 动漫

六年级六班 杨奥世

 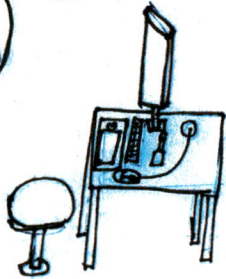  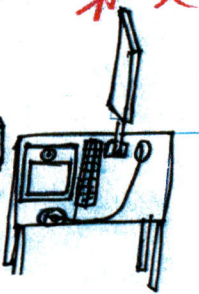

四年级十二班 李晓童

亲子闯关

时间过得真快啊！一转眼，我从一年级的小豆包跃升为二年级的小哥哥了。回想这两年的校园生活还真有很多有趣的事呢！

2013年的1月是期末测验，我们不是做卷子，而是亲人带我们一起去闯关，我想："会是什么样子的呢？"我带着一颗好奇心去了。

闯关形式很多很多，妈妈带我去的第一个教室是考语文的，后来去的几个教室虽然也有失败，但我觉得非常开心，有趣。

二年级八班　徐梓宸

人大附小特有的语文期末考试亲子阅读。我和同学正在排练节目《猴子去豆子》。

我在画画。

我们在表演《猴子去豆子》。

我还得到了大家的掌声，我很高兴，这就是人大附小特有的语文期末考试。

四年级三班　骆凯蕊

我正在练习书法

四年级十班　管子涵

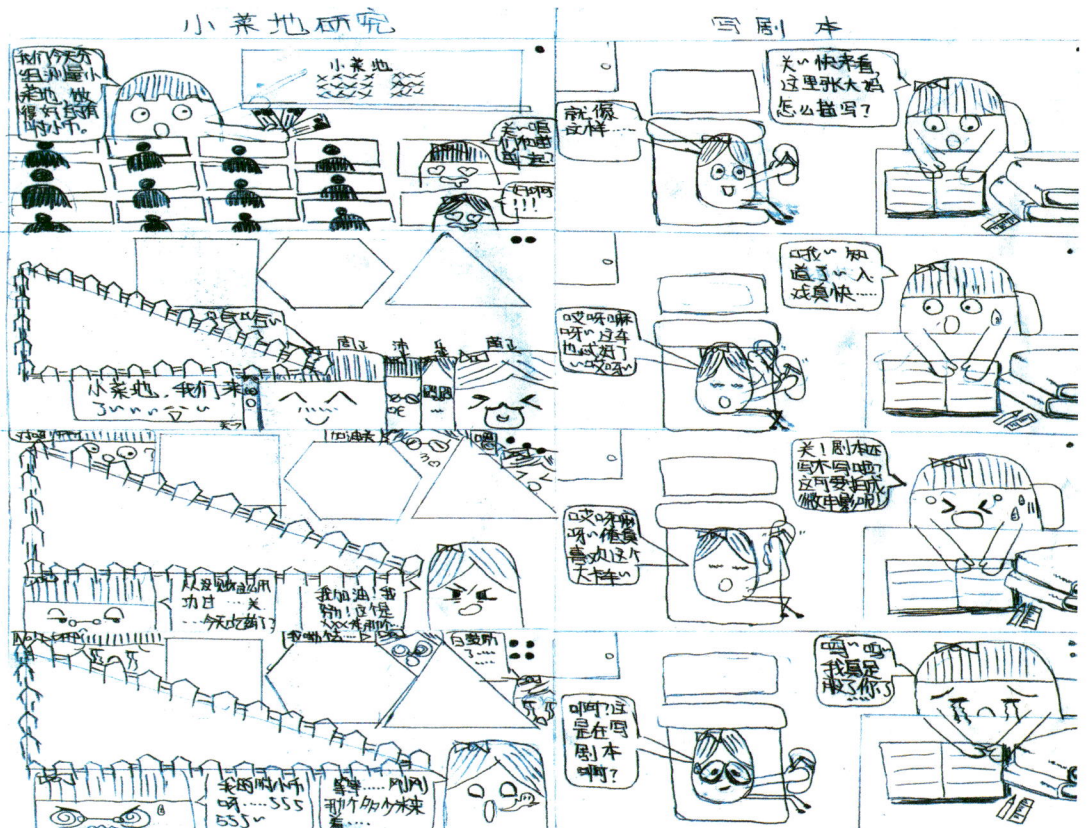

六年级一班　关晰予

免考之旅

—— 难忘的收获之旅

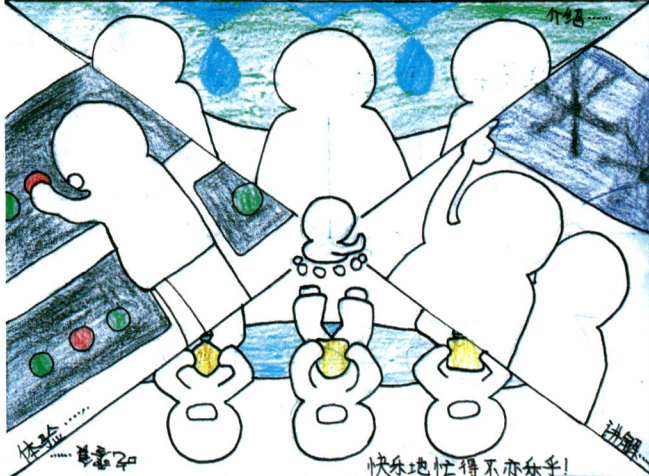

六年级十三班　吴蕾

闯 关 考 试

一年级第一学期的期末,我去闯关考
试了,我先去的我会写教室。进入教室后,老师
让我们写的内容是看pin音写词,于是我们就
开始写,我第一个写完的,写完我就到下一个地方。

二(9)班 徐文熙

我 会 说

去完了我会写教室我又来到了我会说
教室。我进入教室之后开始看卷子,然后
就排队说说这个故事讲的什么,看谁讲
得好!

二(9)班 徐文熙

二年级九班 徐文熙

画壁画

还记得，我上一年级的时候，学校组织同学们画壁画。这是一件很有趣的事情，我们可以在墙壁上自由涂鸦！

六年级十二班　张亦如

画壁画 : 2012年暑假，我们为校园画壁画！

六(4) 胡文婧

六年级四班　胡文婧

难忘的一件事

在五年级的一天，我有幸成为我们班合唱中的伴奏。我每天刻苦练习，终于成功演奏出了《小白船》一曲

合唱比赛

六（12）
孟满真

六年级十二班　孟满真

欢迎附小男童合唱团载誉而归！！！！

去年暑假，我们男童合唱团去香港参加亚洲合唱比赛获得了童声组金奖民族组银奖的好成绩。到学校时很多家长在敲锣打鼓欢迎我们男童合唱团载誉而归。校长也来欢迎我们了，她奖励我们每人一张校长币，当我接到校长币时，我感到无比骄傲无比自豪。

——校长

三年级二班　唐恺辰

阶最强音

——附十七届梦想舞台

时光，冲不淡记忆
唱着，又可曾回想过去
活着，谁又能控制未来
快乐，就让我们一起
大声唱！！！！

六年级四班 赵珝童

我很荣幸地当上了合唱团的钢琴伴奏家。嘘，小声点，听，他们在唱歌呢！

四年级十班 李佳恒

我的京剧梦

三(3)班
陈紫钰 文图

一年级时，当我来到班，一眼就看到一项吸引我的选修课，那就是京剧课。

京剧课虽然一周一次，都让我感到了中国历史的悠久，中国国粹文化的传承。就这样，我喜欢上了唱京剧，于是，我就产生了一个梦想，当一名京剧演员。

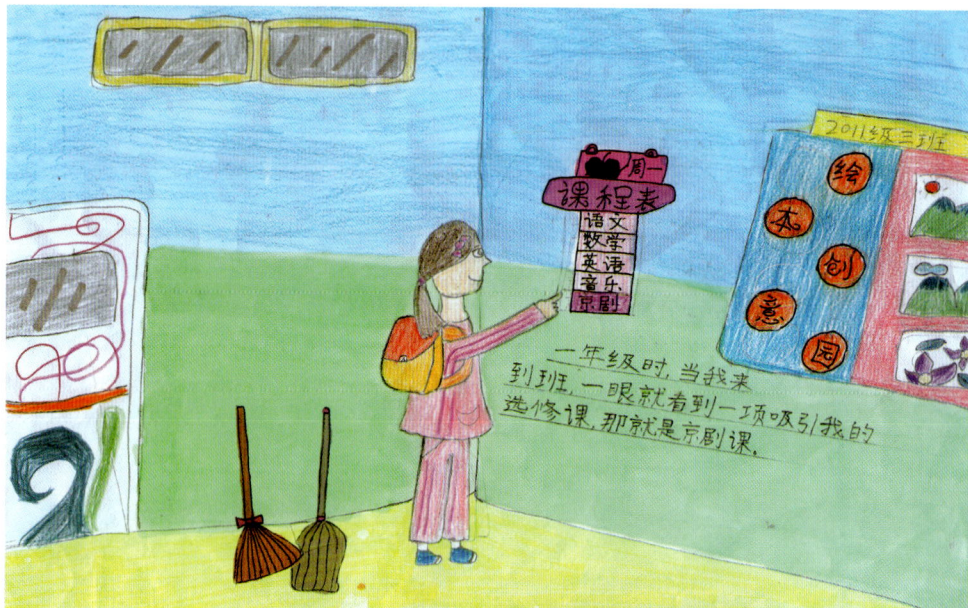

三年级三班 陈紫钰

三年级三班 陈紫钰

歌 咏 人 大 附 小 比 赛

这是一个令我难忘的日子，我将作为领唱，和21班的同学们一起参加人大附小举办的"歌咏比赛。"

站在舞台上，面对老师和同学们，我既兴奋又紧张，随着优美的音乐响起，我投入地唱了起来，望着老师、同学们满意的笑容，我表现得更加轻松自如。听着同学们美妙的歌声回荡在耳边，我万分感慨，这是一个多么和谐的班集体啊！我们的校园生活丰富多彩！

二（21）
何旭迪

二年级二十一班　何旭迪

五年级时音乐校本课开始了这节课一直深深地吸引着我。

课上老师经常带我们做小游戏,吹口琴和一系列的活动来帮助我们学音乐。

MIDI
音乐教室

老师有时还会叫同学上台演唱。

五年级七班 张凯桐

快乐舞蹈我做主

周二我们在学校跳舞……

第二场区汇的跳 继续

于老师→

还有,我们五月中旬还要比赛吆!

二年级一班 韩亚轩

我的七彩校园生活

四(12)
李奕可
彩虹之翼
合唱团

开始新的生活……♥

当我们沿着朝霞走
上学的时候,新的
生活将开始……

看啊,墙上印的手
印行吗?这些
是我们该走的路
边!

彩虹之翼

寒假,梁老师带着我们合唱团的成员
练歌,准备参加七月份去拉脱维亚
的比赛!

虽然很辛很累,但一
想到可以为学校争光,
我还是坚持了下来。
李奕可,加油!♪

第一次参加葫芦丝比赛

焦浩宇
三(16)班

准备阶段

1 2

3 4

老师告诉我，让我参加葫芦丝比赛，我听了很高兴，于是我就认真地练了起来。

比赛中

轮到我的时候冒了一身冷汗老师让我出去想一想台词想起台词，我就镇定地再走进去。终于吹完了老师说我吹得有一点紧张所以吹快了一些，第二遍我吹慢了一些，所以得到三个老师的表扬

比赛后

我带着满意的笑容回家而去

三年级十六班　焦浩宇

最幸福的时刻……当校长把江亚太地区获奖证书颁给我时，我感到无比幸福！！

(寇文灵 四11)

四年级十一班　寇文灵

管乐团比赛

——By：六(1)
闪文萱

音乐团比赛的前一天……
大家都在抓紧练习、排练……

六年级一班　闪文萱

比赛前，
各所小学都在后场准备着，
练习、背乐谱、整理服装……

比赛时，
所有人都十分认真，生怕吹错一个音符……

比赛结束了，车上欢声笑语。

六年级一班　闪文萱

周一至周四的课间操或午体，葫芦丝乐团的同学都会在茉莉花教室练习吹葫芦丝。

四年级七班　李展

李如苑
四(11)班

人大附小

金

2 1 3

这是2013年小小奥运会时我在立定跳远项目中获得冠军。校长给我挂上金牌我站在领奖台的最高层，灿烂的阳光洒在我身上，我感到无比的幸福和难忘。

四年级十一班 李如苑

二(10) 邵龄竹

《小小奥运会》

小小奥运会的前几天我们旗手都在刻苦地练习队形、步伐。

到了那天，我只能看着别人穿着漂亮的衣服，而我只能穿着校服。

当小小奥运会开始的时候我和同学们走在跑道上，我感到很高兴。

我们还跑了接力赛，好爽呀！我们程老师和家长们都为我们加油。后来，我们吃了午饭，就各回各家了，好开心呀！

快拿着！

加油加油

二(10) 邵龄竹

二年级十班　邵龄竹

小小运动会

二(15)邓舒文

人大附小

在小小运动会的前一个月里,我们整个方阵(足球队,游泳队……)都在精心准备着开幕式表演,我们练得可用功了!

小艺芳

小小奥运会终于到了,我特别兴奋。早上,我六点40就到了学校开始排练,当演出开始的时候,全场更是热闹,我们认真地做着动作生怕有一点小错误。(队形是个七角形)……

在一百米赛跑半决赛中,我轻轻松松地跑了第一名,不过,当决赛的时候我早跑了一步,所以还得退回去,当我刚退到起跑线时,"砰"枪声响了,我这次又晚走了一步,没拿到前三名,我很难过,不对我还要感谢校长给我们展现自己的机会,让我为我是附小感到骄傲,让我为我是游泳队队员而感到骄傲!

二年级十五班　邓舒文

我们兴冲冲bó bó地来到人大附中,准备参加小小运动会。

运动会

2(6)刘昭远

运动会开始了,首先是50米短跑,枪声一响选手们就开始跑了,跑着跑着就连最后的选手也反超过来了,真是太厉害了!!!

中午时分,太阳高照,真的是太热了。幸亏我们带了遮阳伞,才能边吃边说话,要不然,食物就被晒焦了。

亲子大比拼开始了,许多家庭一起在草地比赛,竞赛不停非常jī liè,每个家庭都很卖力!

加油加油

可以的可以的加油加油!

二年级六班　刘昭远

二年级一班　王明峰

六年级十班　褚雪莹

三年级四班　丰赫冉

六年级五班　韩雨彤

七彩 校园生活 二(20)解佳宁

人大附小 小小奥运会要开始了。我们班派出了10名男生和10名女生参加接力跑比赛。

①

我们先做好了准备。听到枪声,第一个同学就嗖地一下跑了出去。

②

二(20) 解佳宁

轮到我了。我跑得太快了,超过了很铜学!我非常高兴我能超过这么多人,为我们班争光。

③

太好了!我们班得了第二名,我们全班都为这件事而快乐!

④

二年级二十班 解佳宁

自由的大"鲨鱼"

在这个蓝天下最美丽的校园里放飞我的第一个梦想——游泳。

我在这一年多的训练里学会了坚持不懈的精神。

加油

水花芳

我在蓝色的水中畅游洒下了无数的汗水,我收获的是红色的荣誉橙色的自信。

18

我爱这七彩的生活我会为校园争光添彩的!

二八班 符峻章

二年级八班 符峻章

1.2.1.2

女更衣室

我们的游泳课

男更衣室

任思齐 三(13)

三年级十三班 任思齐

北门

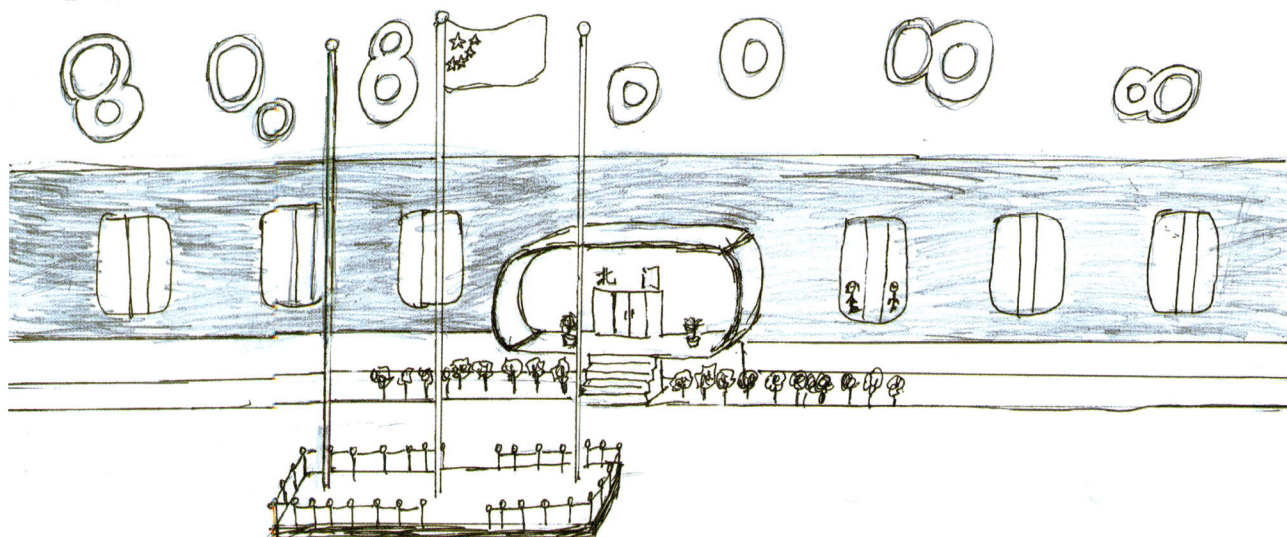

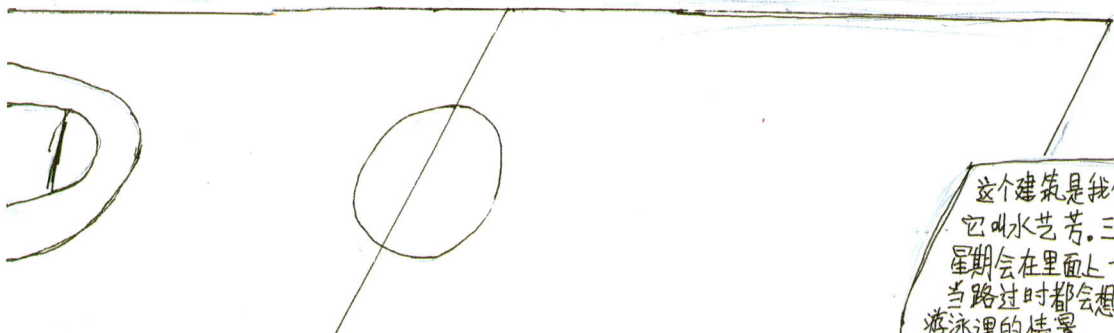

这个建筑是我们人大附小的游泳馆，它叫水艺芳。三年级的同学每个星期会在里面上一节游泳课。我每当路过时都会想起我三年级时上游泳课的情景。

我们每次去时都会有些害怕水太冷。

↑泳池

男 [MEN] 男

可是每次走时都恋恋不舍。

五年级六班 邱祥祜

二年级二十班 骆知微

三年级九班 王奂

我 爱 足 球

I love ♥ football

李为峰三(3)

一年级，我参加了足球队。我在日记中写道："我要为中国队争光。"

我要为山

三年级三班 李为峰

在雨中顽强拼搏，不管泥泞。

三年级暑假，我第一次出京比赛，在潍坊，我与全国各地学生比赛。

进球

回防

好球

在烈日下，汗水浸湿了衣服，他坚持比赛。

接着，我们迎来了校园足球赛，获得第二。我相信，只要我们继续努力，下次一定会打败他们！

三年级三班　李为峰

三年过去了，健美操队中的陈楚妤和曲娇然又长大了，有，她们这就在训练呢！

就在她们五年级时，进行了一场全国比赛。

比赛进行得非常好，陈楚妤和曲娇然得了第一名！一年过去了，她们俩仍旧追梦，在六年级时又进行了一场比赛，也得了第一名！

学校在主席台上给她们俩奖状，还让她们俩一来升旗。

六年级十班　陈楚妤

附小幸福生活
之 篮球篇

kd

HYPER

Basketball

六年级篮球联赛

4月14日起，六年级的篮球联赛就正式开始了。

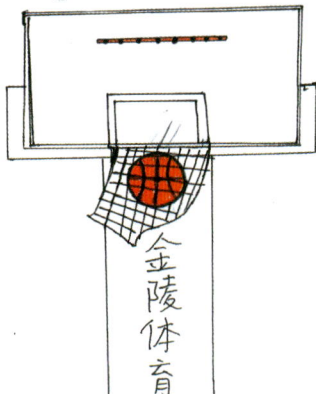

啊！我们队
进球了啊！

5：0

金陵体育

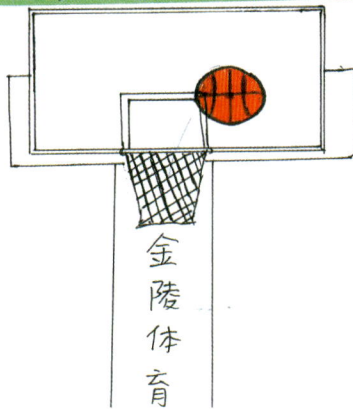

我们队
赢了！
耶！

19：1

金陵体育

六（14）

六年级十四班 马天翼

五（9）郑可旋

五年级九班 郑可旋

六年级六班　武骁屹

六年级七班　王斯可

围猫日记

记：难忘的一件事

六(7)班　董昊天

今天，偶猫偶猫们班级的女篮球队比赛，对阵的是四班哦！这是她们的第一场比赛。

比赛开始了，好好兴奋喵～

抢到球啦～偶猫快乐ing～

传球～

投篮～偶猫偶猫紧张ing～

进了！

提心吊胆的二十分钟过去了，偶猫们赢了！

六年级七班　董昊天

六年级七班　吴静茜

六年级九班　李明慧

六年级七班　王丹璐

多才多艺的附小人

六年级十班　鲍一诺

每个星期六, **幸福生活** 我们可
我都会来学校打乒乓球。

同学　　　我　　　老师　以和老师对打。
　　　　　　　　　　　我

还可以两个同学　1 2 3 4
同学　VS 两个同学。

这就是我在学校的幸福生活。Good bye!

四年级十二班　吴教嵘

四十　高玺

别太嚣！
杀啊！
使劲拉啊！
你赢不了我们的！

四十班！　加油！

四年级十班　高玺

126

四年级八班 赵羽蝶

在大摇绳比赛那天，同学们在潭列的寒风中练习大摇绳。我们团结一心，希望能取得好成绩

王润桐 五(二)

五年级二班　王润桐

《快乐地跳大绳》邓昕

三年级十班　邓昕

六年级一班 刘楚妍

《冰球场上》

五年级九班 寇汉奇

校园里的运动生活

五年级十一班 杨浩琛

司佳陇（我想飞起来）

一年级十九班 司佳陇

我小课题发奖时那高兴的样子。
王子桐 四11

四年级十一班 王子桐

第一次得到60周年校庆版校长巾

二、13 王紫仪

二年级十三班　王紫仪

这是我第一次上台领奖，校长发给我证书和校长巾，那一瞬间我觉得十分满足。

—— 三(2)郭钰嘉

三年级二班　郭钰嘉

我得了小小诺贝尔奖

辞寒假，我的小课题研究被评为了小小诺贝尔奖。我光荣地成为了国旗手，我还上主席台去领奖了呢！我感到很自豪，很激动。

二年级一班　史鸿瑞

小课题研究

研究方法

1. ×××××
2. ××××
3. ×××
4. ××××××
5. ××××
6. ×××××
7. ×××××

三年级十一班　陈文安

二年级十五班　李月琪

小课题汇报

黄油问题

这一刻……
我获得更多的知识……
这一刻……
我得到的不只是知识，
还有品德……

三年级十一班　钱鸿尧

这是你的台词！ 五(八) 王佳一

今年五月底我们就要去了美国参加DI工比赛。我们每天都要训练。有一次我们练的时候，我提醒他："这是你的台词！"我说完了后他一直没有回应，

有人台词的戏。有一段戏是我要拍另一个他，这就是你的台词。他每说这是他的一张，他淡定地说了一句：不要紧……

五年级八班　王佳一

—— 六（1）
谢鹏晖

这一天我光荣地加入附小航模队。

在烈日下，我们不断训练。

只要努力，就会成功！

六年级一班　谢鹏晖

自从小动物园开了以后我就一直想去帮忙,终于,老师选我去帮忙了。

第一次见小动物,结果被走了出来。

无比下雨还是什么,我都去喂小鸡。

终于,我们成朋友

她终于下了爱,她画上了花纹,真漂亮!

六年级十四班 吴湘依依

一(3)班 庞珂

我每天ZUò校车来学校都mei小动物它们好可爱ou!

一年级三班 庞珂

动 物 失 踪 案 （上）

四(12)班王
谢子云

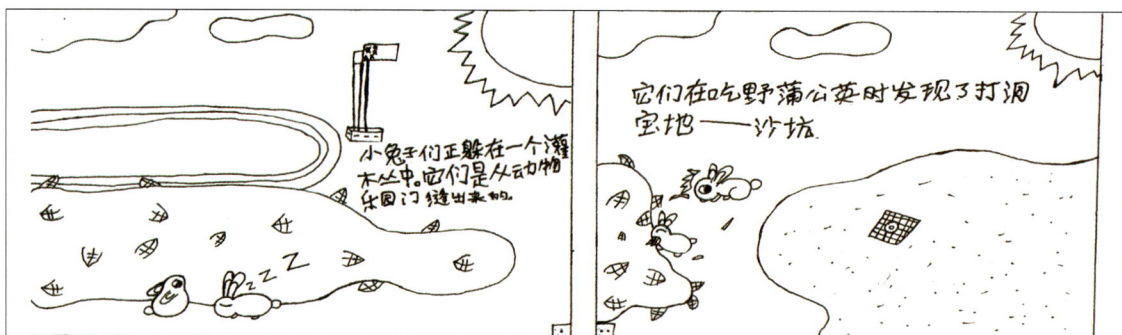

动物失踪案 (下)

四(12)班王
谢子云

四年级十二班　谢子云

我应它小1也喂只呀兔子去五热兔下子好小我养气想是子好心我校天区天心今取了完饿了东兔吃该们。

一年级七班 周子轩

快乐的学校生活

一年级八班 黄朱炎

有一次天已经黑了。 我6点才放学

但是我觉的很奇怪，为什么在附小里看到的月亮是这样的呢？

于是我快速地走出校门

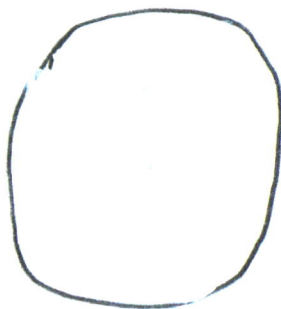

但是我走出去月亮却是这样的，大家说这是怎么回事呢？

三年级十七班 李思航

七彩梦

五年级九班　何睿珊

彩虹的
尽头

五年级七班　李宗璇

人大附小如同一架彩虹之桥。

这日进彩
了，前达
上桥地到
踏之停望头。
虹不渴的
我的
彩夜我虹

彩虹告诉我：彩虹的七种颜色，象征着不同的意义。

彩虹向我唱，那动听的歌谣，它集齐了七彩中的意义。

我慢慢明白了彩虹的深意。

我终于到达了彩虹的尽头，原来，彩虹的尽头……

I love
my school

是我最初的梦想

end

五年级七班 李宗璇

二年级一班　王安奇

六年级九班　杨与培

人大附小 校园史

吕晶校长（任职时间1954~1961）
艰苦创业期（1954-1961）
1954年，在中国人民大学党委的支持下，中国人民大学在东城区东四六条一个小四合院筹建了一所寄宿制职工子弟小学，定名为"中国人民大学职工子弟小学"。成立初期，共有24名学生，两位教师以及三位生活老师。

程志刚校长（任职时间1971-1979）理念形成期。
粉碎"四人帮"后，中央拨乱反正，1978年中国人民大学复校，我校正式定名为"中国人民大学附属小学"。附小如同一粒教育的种子，经历了严寒的洗礼，经历了地底的沉淀与汲养，终于迎来了蓬勃发展的春天。

任慧莹校长（任职时间1961~1971、理念形成期1979~1991）(1961~1991)
八十年代初期，学校的规模不断扩大学生的总数达到了600多人，在校园西部平房小院建起了三层砖混结构的教学2楼，1990年进行扩建加层改造。

远秉志校长（任职时间1991~2003）
稳步提升期（1991-2003）。
1991年到2003年，在远秉志校长的带领下，附小领导和全体教师在继承了"创造适合儿童蓬勃发展教育环境"的办学理念的同时，不断完善"学生质量综合评价"系统。1995年远校长提出了"四个发展"：全面发展、全员发展、和谐发展、特殊发展。学校举办各种读书活动和知识技能竞赛，激发学生的学习兴趣，增强学习的主动性，使学生得到全面的发展。

尊敬 爱戴 的 笑 长！！！

郑瑞芳——我们的"笑"长
（任职时间2003—至今）
中学高级教师，1981年毕业分配到人大附小，2003年11月任中国人民大学附属小学校长兼书记。

跨越发展期 2003-2008
内涵发展期 2008-至今

七彩德育——铸就学生幸福人生　正常儿童超常发展
七彩课程——点亮学生智慧人生　超常儿童特而发展
七彩社团——造就孩子高雅人生　特长儿童特色发展
七彩环境——陶冶学生情趣人生　特殊儿童正常发展

漫漫的60年里
如果学校是大树
他们就是那辛苦培育的园丁

如果学校是彩虹
他们就是那必不可少的雨滴

如果学校是学者
他们就是那倾囊相授的恩师

从树苗到参天大树
从乌云到彩虹
从学生到家喻户晓的名家
他们有着不可埋没的功劳

漫漫的60年里
如果……

五年级十班　张幼桐　李沐晨

145

六年级一班 刘小乐

六年级九班 王芋静

一年级时我还很幼稚、天真，一位大姐姐每天都带着我去食堂吃中午饭。她长发飘飘，总是戴着深蓝色的发卡，我那时总是憧憬我何时也能这样……

六年级时，我终于长大了，终于成为了那位大姐姐的样子。我每天都要带着一个梳着冲天辫的一年级小妹妹，她总是戴着粉红色的蝴蝶结，校服看起来并不适合她，她一定也在憧憬：我何时也能如此……

人大附小
六(1)陈祎沛

六年级一班 陈祎沛

班主任肖老师宣布："美食节在这周进行，同学们可以带自己做的美食来让大家一起分享！我宣布美食节开始！"

同学们精心做了各种美食。

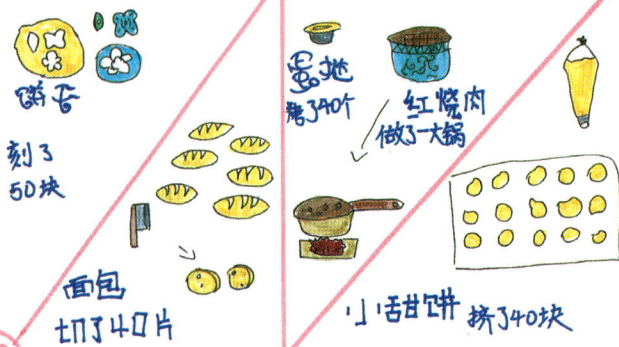

同学们小心带到学校。

同学们在中午一起分享美味！

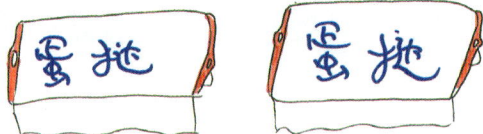

美食节成功

六年级十三班 李丹秋

147

4月7日，几名大队中队干部与大队辅导员宋老师合影。
可以看到，每位同学都比划着字母"C"，其实是大队的一种趋势。（带完参观团后）
而宋老师两手大拇指摆在两边，代表我们都是他的骄傲。名字顺序从左到右：叶乐雯、王紫风、蒋子涵、吕玥瞳、宋、方昕刘、冯冶、骆锐、原潇。
大队的生活，有苦有甜，幸福美满。
——吕玥瞳 六.9

六年级九班 吕玥瞳

校长的拥抱

二年级一班 秦嘉声

元旦联欢会上，校长来到我们班。他们联欢会上最后一个金蛋。

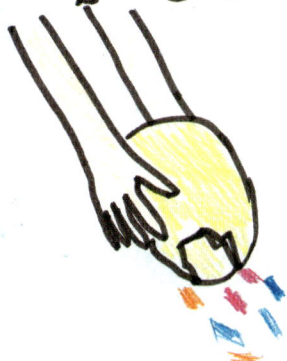

六(1)刘蔼宁

快乐瞬间

校长得到了一个戏包，同时也回赠给每个同学一张校长币，大家非常开心。

六年级一班　刘蔼宁

5月20日就要到了，我和四(四)班的全体同学忙碌了起来——

因为5月20日是班主任节！我们想给班主任一个惊喜！

surprise!

惊喜!

终于到5月20日啦！我们带着礼物来到彩虹门前来堵班主任。

班主任看到我们的礼物后，激动的泪水夺眶而出。原来我们送给班主任的是一本书。那本书上有我们全班46名同学的照片和祝福语，更有我们对老师的

一个班主任的脸上充满了笑容！

爱!

完

四年级四班　徐鹤宁

周美琳 三9

欢迎维族老师

我们的维族老师收到了很多礼物。

苏皮耶老师还说了感谢的话,"谢谢同学们,我以后也给你们礼物。"

三年级九班 周美琳

我们为实习老师开欢送会

我要给老师扎辫子手!

ye

欢送会现在开始

欢送会

别挤一个个剩

给我签个大

呜呜我不想扎老师

二年级一班 刘玘玥

哇！ 其实我是转学生，刚进来校园就感觉到了温暖。

不一会儿……
那时候，我特别紧张，但老师似乎看透了我的心。

放学后，我对妈妈说：妈妈今天是我最快乐的一天！

第一节课，我就交到了一个好朋友

孙逸欧 三(2)

三年级二班 孙逸欧

爱人们的我吃大小fan！！！

魏子涵（一）7

一年级 七班 魏子涵

151

在班级里,我有一份特殊的工作……

四年级一班 成嘉禾

五年级二班 王海天

梦从这里起航

三（3）班
祝欣余/文图

水艺芳

123

小学

这就是我梦想起航的
地方——人大附小。那里有
附小精神、快乐的小朋友、

慈爱的老师和很多

有特   色的建

筑物。

三年级三班 祝欣余

我从小就是位绘画爱好者，一有空就喜欢在纸上涂涂画画的。上小学一年级时，我荣幸地被选入了美术小组。

学术苑

三年级时，为了在建校六十周年的时候展览我的作品，我坚持寒假每天去学校画画。

三年级三班　祝欣余

画画时，我又高兴又激动。一想到自己的画能在中国最好的美术馆和那些大师的画一起展出，我就忘记了疲劳，认真地完成每一张作品。

一次在粘易拉罐的时候，我不小心把五零二胶弄到手上了。我顿时感觉手指热乎乎的。过了一会儿，我的手指上就多了一层五零二的硬硬的壳，尽管这样，我还是继续创作。

我一张一张地画，仔细地画，直到寒假过完。我一直在期待着：有一天，中国美术馆多了一幅我的画。

那时，就会有许多人朝我举起大拇指，齐声说：

"你真棒！"

三年级三班　祝欣余

校庆60周年
美术展
60

作者:五年级7班程新然

我们抽出课余时间到美术教室准备画展。

我们每个人都热爱美术,所以在创作的过程中每一个人都非常开心。

3 4

我继续创作我为画展准备的作品。

在绘画时,我们感到快乐与幸福,同时我们也学会了友爱,团结,坚持。

感谢附小给了我这次到国家博物馆展览的机会!

感谢附小

五年级七班　程新然